Table des matières

Introduction: Résistance civile et stratégies de construction de la paix au soutien de sociétés justes et pacifiques 2

Résistance civile et construction de la paix tout au long de la transformation des conflits 5
Eléments principaux de convergence et de divergence 5
Résistance civile: Une stratégie pour s'engager dans un conflit nécessaire de manière nonviolente 8
La construction de la paix: une boîte à outils complète pour les stratégies de mitigation des conflits 10

Les rôles complémentaires de la résistance civile et de la construction de la paix tout au long des quatre étapes de la transformation de conflit 13
Stade 1 (Conflit latent): la conscientisation à travers la mobilisation nonviolente 15
Stade 2 (Conflit ouvert): Prévenir la violence à travers une confrontation constructive 16
Stade 3 (Règlement du conflit): De la résistance au dialogue 18
Stade 4 (Paix durable): les doubles rôles de l'institutionnalisation et de la campagne pour promouvoir et protéger la construction de la paix 22

Conclusion: Contributions stratégiques et points clefs pour activistes, praticiens, formateurs, éducateurs et acteurs internationaux 27
Bibliographie 31

Tableaux et schémas

Tableau 1: Similarités et différences entre résistance civile et construction de la paix 7
Schéma 1: Résistance civile et construction de la paix comme cous-composants de la transformation de conflit 6
Tableau 2: Stratégies de résistance civile et de construction de la paix et leur impact sur les quatre stades de transformation des conflits 26
Schéma 2: La progression d'un conflit constructif dans des relations déséquilibrées (adapté de Curle 1971) 14

Etude de cas

Encadré 1: Définitions clefs 3
Encadré 2: Conscientisation au conflit en Afrique du Sud 16
Encadré 3: Prévention du génocide en Timor Leste grâce à la résistance nonviolente 17
Encadré 4: Le plaidoyer des femmes pour la paix au Libéria 19
Encadré 5: Pouvoir citoyen et négociations de paix au Népal 20
Encadré 6: Transitions post-révolution en Tunisie et en Egypte 22
Encadré 7: Débuts démocratiques en Afrique du Sud 23
Encadré 8: Au Kosovo, résistance civile à une construction de la paix imposée de l'extérieure 24
Encadré 9: Mobilisation post-conflit au Népal en faveur d'une paix positive 25

INTRODUCTION: Résistance civile et stratégies de construction de la paix au soutien de sociétés justes et pacifiques

"Pour un lynchage, il suffit d'une foule en colère; pour un dialogue, il faut une société organisée". Adam Michnik, ex-dissident politique polonais, historien, intellectuel.

Cette citation souligne le double rôle joué par la lutte pro-démocratique menée par la fédération de syndicats *Solidarnosc* en Pologne durant les années 1980. D'une part, en établissant des institutions clandestines parallèles et en menant des actions nonviolentes à l'encontre d'un Etat répressif, la campagne de résistance civile du mouvement a été couronnée de succès. D'autre part, ce dernier s'est engagé dans un dialogue avec les diverses forces sociales pour construire et soutenir un mouvement national, tout en œuvrant en faveur de l'ouverture des négociations au régime communiste, à condition que celui-ci le reconnaisse comme partenaire égal. Au final, le gouvernement et *Solidarnosc* se sont retrouvés autour de la même table pour les négociations de 1989. Les efforts combinés de résistance et de dialogue ont permis une démocratisation réussie et la mise en place d'une société plus juste et nonviolente.

Développant les notions et pratiques de résistance civile (à travers des actions nonviolentes) et de construction de la paix (menée, entre autre, dans le dialogue et la négociation), ce rapport explore les situations de conflit dans lesquelles les relations entre groupes en conflit sont caractérisées par des déséquilibres de pouvoir. Il démontre en quoi résistance civile et construction de la paix se complètent. Cette complémentarité est tant analytique – offrant des cadres conceptuels permettant de mieux comprendre la transformation des conflits, que pratique – comme stratégies d'intervention visant transformer un conflit pour atteindre une paix juste et durable.

Ce rapport se base sur quatre postulats:

- Bien que résistance civile et construction de la paix – à la fois comme stratégies pratiques et champs de recherche – aient pour objectif commun d'atteindre « un changement social et une justice accrue à travers des moyens pacifiques » (Lederach 1995:15), elles trouvent leurs racines dans des approches différentes de la transformation de conflit;
- Dans les sociétés touchées par un conflit caractérisé par des asymétries de pouvoir aigües, une paix stable et durable nécessite la mise en place des deux stratégies, dès lors qu'elles sont utilisées de façon cohérente et complémentaire;

- On compte peu de tentatives de comparer et d'étudier simultanément **la résistance civile** et la construction de la paix de façon systématique en recensant leurs multiples points de convergence et leurs réelles ou potentielles synergies;
- Ces approches « révolutionnaires » (résistance civile) et « résolutoires » **(construction de la paix)** de la transformation de conflit (Lederach 1995) se sont mutuellement ignorées, développant leur propre type d'activistes et de praticiens, de théories et de chercheurs, de cadres interprétatifs et de techniques, de centre de recherche et de programmes éducatifs, d'organisations et de forums, et d'alliés institutionnels (Dudouet 2011).

Sur la base de ces observations, ce rapport explore les liens théoriques et empiriques entre résistance civile et construction de la paix, et observe leurs complémentarités dans le cadre de **la transformation des conflits**.

En particulier, ce rapport répondra aux questions suivantes:

- Qu'est-ce qui distingue les stratégies de la résistance civile de celles de la construction de la paix dans un contexte caractérisé par une instabilité socio-politique aigüe et une disparité de pouvoir entre parties touchées par, ou poursuivant, un conflit?
- Quels sont les potentiels points de complémentarité entre résistance civile et construction de la paix et comment ces pratiques a priori différentes ont-elles été mises en place sur le terrain?
- Que peut apprendre un activiste nonviolent d'un praticien de la construction de la paix et vice versa, afin de porter un changement social positif et durable?

Encadré 1 : Définitions clefs

La résistance civile est une stratégie extra-institutionnelle de règlement de conflit dans laquelle des mouvements populaires utilisent des tactiques nonviolentes variées, séquencées et organisées, telles que les grèves, boycott, marches, manifestations, la noncoopération, la résistance auto-organisée et constructive, dans le but de combattre l'injustice ressentie sans faire usage de la menace ou de la violence.

La construction de la paix comprend toutes les stratégies locales, étatiques ou internationales utilisées pour dissiper des conflits violents imminents, en cours ou passés, et pour promouvoir une paix viable et durable. L'accent est mis sur des méthodes ascendantes (bottom-up) et descendantes (top-down) pour promouvoir le dialogue et les relations pacifiques entre les parties au conflit, mais aussi au sein de la société touchée par le conflit. Ces méthodes sont le dialogue, la négociation et la médiation, ainsi que la (re)construction des institutions et infrastructures qui garantiront la paix.

Ces deux concepts et ensembles de pratiques appartiennent au champ plus vaste de la transformation des conflits, un terme générique englobant les actions et processus visant à traiter les causes profondes d'un conflit sur le long terme, dans la poursuite d'une paix juste par des moyens justes. Elle vise à transformer un conflit négatif et destructeur en un conflit positif et constructif en s'attaquant aux aspects structurels, comportementaux et d'attitude qu'il présente.

Si le but normatif de la transformation des conflits est d'atteindre une paix positive en éliminant les violences d'origine comportementale, structurelle et d'attitude (Galtung 1969, 1996), alors l'élément central de toute stratégie de transformation devrait être la reconstruction de relations justes et équitables dans une société touchée par un conflit. Ce rapport puise une importante partie de son inspiration dans le modèle d'Adam Curle, qui décrit les étapes principales d'un conflit entre groupes dominants et dominés, et caractérisé par l'extrême asymétrie de leurs relations. Ce cadre paraît particulièrement approprié à l'exploration des rôles respectifs de la résistance civile et de la construction de la paix tout au long des différentes phases de transformation des conflits (Curle 1971, Woodhouse et Lederach 2016), dans la mesure où il met en exergue:

La résistance civile et la construction de la paix partagent la même ambition de traiter les causes profondes d'un conflit sur le long terme, dans la poursuite d'une paix juste par des moyens justes.

- L'importance cruciale de la résistance civile dans la prévention ou la mitigation de la violence, et comme stratégie de pré-négociation à l'usage des groupes opprimés, leur permettant de répondre à un conflit par des moyens nonviolents et ainsi, de faire pression sur l'élite en place afin que cette dernière redistribue le pouvoir équitablement;
- L'utilité des méthodes de construction de la paix pour traduire les apports de la résistance civile en gains mutuellement acceptables par les protagonistes du conflit, réconciliant des relations polarisées à la suite de luttes nonviolentes;
- Le besoin de soutenir la résistance civile dans une société post-conflit ou post-guerre, afin de prévenir ou contrer des tentatives de reprise de pouvoir autoritaires, de résister à des tendances anti-émancipatrices et « néolibérales » dans le cadre d'opérations de construction de la paix post-guerre, ou de faire pression sur tous les acteurs afin qu'ils mettent en œuvre leurs engagements en faveur de réformes progressives et de la justice sociale.

Le rapport s'inspire également d'autres chercheurs-praticiens dont les travaux se trouvent à l'interface entre construction de la paix et résistance civile (tel que John-Paul Lederach et Dianna Francis), et prend appui sur l'expérience et les recherches personnelles de l'auteure (ex.: Dudouet 2005, 2011, 2013, 2014). De surcroît, le rapport se fonde sur des exemples empiriques issus d'Afrique du Sud, du Népal, du Kosovo, du Timor Leste, de Pologne, du Libéria ou de Tunisie, où les activités de construction de la paix ont été précédées, accompagnées ou suivies de campagnes de résistance, et inversement.

La section qui suit explore les points de divergence et de convergence entre résistance civile et construction de la paix. La suivante se concentrera sur les rôles complémentaires de la résistance civile et de la construction de la paix aux quatre étapes de la transformation des conflits telles que proposées par le modèle de Curle. Enfin, ce rapport tire des conclusions pouvant s'adresser à un public varié. Celles-ci sont:

- Les implications conceptuelles et points méritant une recherche plus approfondie ;
- Des recommandations pratiques pour les activistes de mouvements nonviolents populaires, les praticiens de la construction de la paix, et les formateurs et éducateurs qui soutiennent et promeuvent la résistance civile; et
- Des recommandations politiques pour les acteurs internationaux (donateurs bilatéraux, diplomates et organismes intergouvernementaux) cherchant à identifier, encourager ou soutenir des processus de transformation des conflits qui soient efficaces et constructifs.

Résistance civile et construction de la paix, vecteurs clés de la transformation des conflits

Les mondes de la pratique[1], de l'éducation[2] et de la recherche[3] ont vu leur intérêt grandir pour les relations entre approches "révolutionnaire" et "résolutoire" de la transformation des conflits. Cependant, la nature et le rôle de la résistance civile dans la résolution de conflits socio-politiques sévères sont encore mal compris par ceux oeuvrant pour la construction de la paix, et vice versa. S'engager dans une comparaison entre résistance civile et construction de la paix doit donc commencer par la définition de leurs similarités, limites et distinctions, avant de pouvoir discerner leurs points de complémentarité et synergies stratégiques.

Eléments principaux de convergence et de divergence

Les principales **similarités** entre résistance civile et stratégies de construction de la paix se trouvent dans leur commune souscription au paradigme de la transformation des conflits, généralement définie comme la poursuite d'une paix juste de manière pacifique. Plus précisément, les différentes approches de la transformation des conflits visent à répondre à toutes les dimensions essentielles de la violence, de façon exhaustive et holistique:

- de la violence directe/comportementale à la paix "négative" à travers la restauration du monopole d'Etat dans l'exercice de la violence légitime;
- de la violence culturelle/d'attitude à la justice transitionnelle, la réconciliation et le pardon; et
- de la violence structurelle à la démocratie, la justice, l'égalité et l'émancipation.

---

[1] Par exemple, le séminaire de l'Institut pour la Paix des Etats-Unis (USIP) sur « la résistance civile nonviolente et la construction de la paix » (Rupert 2015), ou le nouveau groupe de travail sur « Les mouvements nonviolents et la transformation de conflit » (NMCT), mis en place par le réseau Alliance for Peacebuilding en 2016.

[2] Aux Etats-Unis, quelques universités, telle que l'Université Notre Dame, la Eastern Mennonite University ou l'Université Américaine ont depuis longtemps développé des programmes rapprochant nonviolence et construction de la paix.

[3] Voir en particulier les recherches de Lederach 1995, Weber 2001, Francis 2002, 2010, Schirch 2004, Clark 2005, Finenegan et Hackley 2008, Kriesberg 2012, Vinthagen 2015, Stephan 2016, Wanis-St John et Rosen (2017).

La notion de transformation des conflits marque aussi une distinction entre conflit et violence. Alors que la violence, dans toutes ses formes, doit être prévenue ou éradiquée, un conflit peut quant à lui être une force de changement positive. Autrement dit, des formes de conflit destructrices et violentes peuvent se transformer en formes constructives et pacifiques (Wehr et al. 1996, Ramsbotham et al. 2011).

Il existe aussi des points importants de **divergence**, tenant à leur orientation éthique (impartiale ou normative) et au diagnostique des causes d'un conflit, aux méthodes utilisées pour poursuivre ou atténuer le conflit, et au locus et à l'identité des agents de changement.

Schéma 1: Résistance civile et construction de la paix comme sous-composants de la transformation de conflit

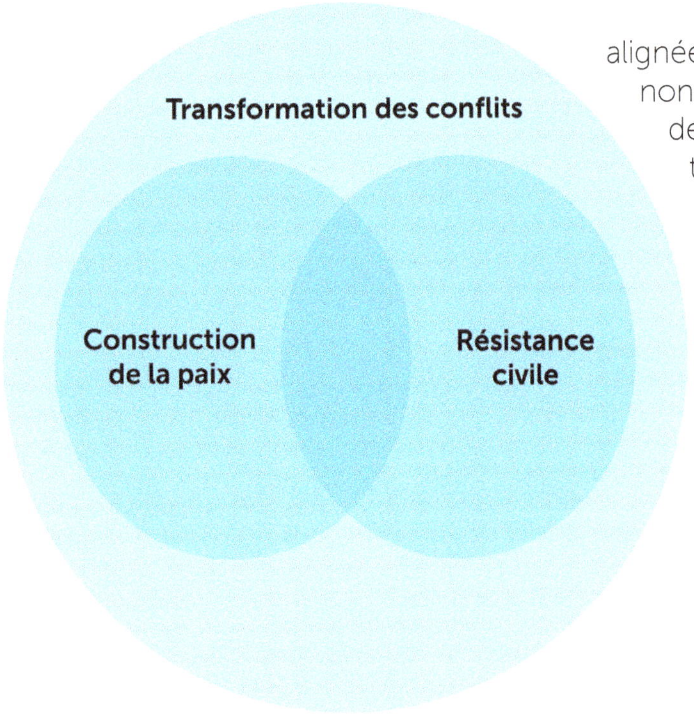

La théorie de la construction de la paix et sa mise en pratique englobe une diversité d'approches, dont certaines sont distinctes de la résistance civile. D'autres au contraire, sont conceptuellement, normativement et stratégiquement alignées avec l'éthique et la pratique de la lutte nonviolente. Le schéma 1 présente ces deux approches – tantôt convergentes, tantôt divergentes – comme des sous-éléments de la notion plus vaste qu'est la transformation des conflits.

Le tableau ci-dessous compare de manière plus systématique les points de divergence et de convergence entre résistance civile et construction de la paix, en tant qu'approches conceptuelles et stratégies pratiques d'intervention dans un conflit.

Tableau 1: Similarités et différences entre résistance civile et construction de la paix

	Résistance civile	**Construction de la paix**
Moyens et objectifs	Orientation générale: une paix juste obtenue de manière pacifique a. Objectif normatif : valeurs explicites en faveur d'une paix positive (comportementale, d'attitude et structurelle) b. Opposition (de principe ou pragmatique) à la violence physique comme moyen d'obtenir un changement politique et social	
Orientation éthique	Position pro-justice, en faveur de l'émancipation des groupes marginalisés	Position impartiale ou pro-stabilité
Méthodes d'intervention dans un conflit	Méthodes de contestation extra-institutionnelles d'intensification du conflit (nonviolent) (ex.: manifestations, désobéissance civile, auto-organisation)	Méthodes conventionnelles de mitigation du conflit (dialogue, négociation, réconciliation, réforme structurelle)
Agents de changement	Approche ascendante (bottom-up): militants de terrain, « alliés » institutionnels, soutien de tiers et réseaux internationaux de solidarité	Approche multi-niveaux: leaders internationaux et nationaux, médiateurs issues de la société civile

Résistance civile: une stratégie pour s'engager dans un conflit nécessaire de manière nonviolente

Bien que l'on trouve des actes de résistance civile dès l'Empire Romain (King 2007), celle-ci devient véritablement une méthode d'action politique, collective, stratégique et consciente durant les luttes pour l'indépendance anticoloniales des XVIIIème et XIXème siècles[4]. Ce n'est qu'avec Mohandas Gandhi et ses campagnes pour les droits civiques et la libération nationale en Afrique du Sud (1906-1914) puis en Inde (1919-1948) que la résistance civile est perfectionnée comme pratique nonviolente et concept théorique pour devenir une stratégie planifiée et exécutée avec un niveau de discipline égal à celui d'une armée de métier. Les méthodes de Gandhi ont été imitées et adaptées à divers contextes nationaux. Elles ont connu un succès à travers le monde grâce à la démonstration effective du "pouvoir citoyen" sur tous les continents et dans des pays aux systèmes politiques et aux cultures différentes. Ces 15 dernières années, les luttes nonviolentes ont attiré l'attention du monde entier grâce aux "révolutions de couleur" en Europe de l'Est et du Sud-Est et en Asie Centrale durant les années 2000, suivies par les "révolutions du monde arabe" une décennie plus tard. Dans les deux cas, ce sont des grandes manifestations de rue qui ont amené à la démission ou au renversement de dirigeants considérés par leurs opposants comme corrompus ou autoritaires[5].

Tel qu'illustré dans ces exemples et tel que défini par les experts (ex.: Lakey 1987, Semelin 1993, Randle 1994, Schock 2005, Ackerman et DuVall 2000, Chenoweth et Stephan 2011), le terme de résistance civile dénote l'usage de méthodes collectives de contestation extra-institutionnelles et nonviolentes comme les grèves et manifestations, le boycott, la noncoopération et d'autres actions de résistance constructive dans le but de défier une oppression, discrimination, occupation extérieure ou toute autre forme de relation sociale injuste. Le terme "civil" se réfère au "pouvoir citoyen" exercé par un activisme populaire organisé (par opposition à une élite étatique ou un groupe armé par exemple), qui emploie des moyens collectifs horizontaux et nonviolents, légaux, semi-légaux ou interdits, dans le but d'atteindre un changement social. Il est particulièrement approprié dans des situations d'asymétrie de pouvoir entre un groupe dominant (détenteur du pouvoir) et un groupe dominé.

Dans son manuel fondateur de 1973, Gene Sharp a recensé 198 différentes formes d'action nonviolente, les classifiant en trois catégories de méthode selon leur fonction stratégique: protestation et persuasion nonviolente, noncoopération (sociale, économique ou

---

[4] Par exemple, la campagne de résistance nonviolente menée par les colons américains contre les britanniques sur une période de 10 ans au XIXème siècle, et qui a *de facto* libéré la plupart des colonies bien avant le déclenchement de la guerre; la « résistance passive » en Hongrie contre les autrichiens, ayant conduit à l'établissement d'une monarchie duale en 1867; les dix années de résistance nonviolente et constructive en Pologne, sous forme de « travail organique », qui contribua à préserver et renforcer le tissu national dans le pays scindé (Bartkowski 2013).

[5] Pour des recherches récentes sur l'accroissement des mouvements nonviolents et leur efficacité, voir Chenoweth et Stephan 2016.

politique) et intervention nonviolente. La dernière catégorie implique l'obstruction physique directe afin de changer une situation donnée, soit négativement (en dérangeant les relations sociales normales ou établies), soit positivement (à travers des actions créatrices de relations sociales nouvelles et autonomes). D'autres typologies ont été proposées, classifiant la résistance civile en tant que méthode d'omission ou de commission (Sharp 1973), ou encore de concentration et de dispersion (Schock 2013).

Conformément avec le paradigme de la transformation des conflits, les stratégies de résistance civile cherchent à répondre aux trois dimensions de la violence (directe, culturelle et structurelle). Elles cherchent en effet à:

- prévenir les actes de violence individuels ou collectifs en les redirigeant vers des méthodes de lutte nonviolente;
- atténuer les hostilités et la haine intergroupes en combattant les injustices plutôt qu'en détruisant l'opposition, et en mettant en place des stratégies constructives pour déplacer les loyautés de l'élite vers les résistants civils;
- employer des moyens et poursuivre des buts incarnant la prise de décision démocratique et égalisant les relations Etat-société.

Un élément fondamental de la résistance civile est son orientation **pro-justice et anti-statu quo**. Elle est toute entière dirigée contre l'oppression, la domination ou toute autre forme d'injustice maintenue et soutenue par les autorités étatiques ou toute autre élite politique, sociale, économique ou culturelle (ou "piliers du pouvoir"). L'action nonviolente contemporaine telle que théorisée par Sharp dans les années 1970, prend ses racines dans une analyse aiguisée des dimensions du pouvoir oppressif exercé par des "dirigeants" (Sharp 1973) qui entravent la justice sociale – entendue comme une situation dans laquelle "les parties ont une égalité de chance de déterminer leur futur" (Chupp 1991: 3). Des citoyens ordinaires, apparemment dépourvus de pouvoir, peuvent en réalité devenir des agents du changement, même avec des opposants matériellement plus forts.

Une grande partie des recherches académiques sur la résistance civile se concentre sur les luttes nonviolentes contre des dictatures, mais l'on compte aussi des études relatives à l'usage de la résistance civile pour lutter contre d'autres formes d'injustice, telles que les luttes pour la libération nationale (Bartkowski 2013), les luttes contemporaines en faveur de la décolonisation (Chabot et Vinthagen 2015), les mouvements pour le droit à la terre (Schock 2015), les campagnes anti-corruption (Beyerle 2014) et les mouvements d'autodétermination (Cunnigham 2013).

Appliquée à l'intervention dans un conflit, la résistance civile est décrite comme une forme **d'action collective de contestation extra-institutionnelle**. Elle opère en dehors des limites fixées par les canaux de politique conventionnelle (Schock 2015), en contournant ou enfreignant les procédures classiques de résolution de conflit d'un système politique donné (McAdam et Al. 2001). Dans ce sens, elle peut être décrite comme un équivalent fonctionnel à la résistance armée (Tarrow 2011: 7), la différence principale entre résistances civile et armée tenant à l'usage ou à l'absence de violence directe, infligeant un préjudice physique intentionnel aux personnes ou aux biens (Bond et Al. 1997).

La construction de la paix: instruments pour la mitigation des conflits

Si, dans son interprétation la plus vaste, la construction de la paix est aussi ancienne que la résistance civile, l'usage du terme est lui très récent, popularisé en 1992 dans « L'agenda pour la paix » publié par l'ex-Secrétaire Général des Nations Unies Boutros Boutros-Ghali. Dans la topologie des stratégies d'intervention dans un conflit qu'il propose, la construction de la paix se réfère strictement à la reconstruction d'après-guerre et à des méthodes visant à renforcer la paix et à réduire les risques de rechute en conflit violent, principalement à travers des opérations menées par les Nations Unies. Le terme ("peacebuilding") fut utilisé pour distinguer ces méthodes de celles du maintien de la paix ("peacekeeping") – interventions internationales autorisées par le Chapitre VII et visant à séparer les belligérants d'un conflit inter ou intra-étatique – et du rétablissement de la paix ("peacemaking"), qui impliquent la conduite de négociations permettant d'aboutir à un accord de paix[6].

Depuis les années 1990, la notion de construction de la paix s'est étendue bien au-delà de la proposition initiale formulée par les Nations Unies. Pour nombre de ses partisans, elle devrait être comprise comme englobant non seulement les interventions menées à l'échelle internationale, mais aussi celles émanant de la base (bottom-up), à l'échelle locale. De plus, elle ne devrait se réduire à des processus post-conflit, ses méthodes étant pertinentes durant toutes les phases de transformation des conflits, à commencer par la diplomatie préventive, les processus de paix, la stabilisation post-conflit et le rétablissement de la paix à court-terme (ex.: désarmement, démobilisation et réintégration [DDR]), et les politiques post-conflit à long-terme (ex.: réforme du secteur de la sécurité, justice transitionnelle, réconciliation et consolidation démocratique). En d'autres termes, les activités de construction de la paix peuvent être déployées avant, pendant et après un conflit violent, par une variété d'acteurs gouvernementaux et de la société civile, à l'échelle locale, nationale et internationale.

Suivant le paradigme de la transformation de conflit, les stratégies de construction de la paix cherchent à répondre aux trois dimensions de la violence (directe, culturelle et structurelle) en:

- négociant des cessez-le-feu et des accords de paix exhaustifs;

[6] On doit la première distinction entre maintien, rétablissement et construction de la paix à Galtung (1976).

- redéfinissant des relations violentes afin de les rendre constructives et fondées sur la coopération, à travers un dialogue formel autant qu'informel et des efforts de réconciliation (Lederach 1997); et
- réformant des structures et politiques étatiques jusque là oppressives, et en établissant des mécanismes et "infrastructures pour la paix" (Unger et al. 2013) qui sont à même d'adresser les racines du conflit en mettant en place les plateformes de dialogue et de prise de décision collaborative qui permettront sa résolution pacifique.

En contraste avec la résistance civile, et en dépit de leur variété, ces stratégies de construction de la paix ont pour point commun de se concentrer sur les méthodes tendant à **atténuer les tensions et l'adversité**: elles cherchent à réduire l'intensité d'un conflit, là où les méthodes de résistance civile visent à intensifier un conflit pour créer une situation dans laquelle ce dernier doit être résolu.

Alors que les méthodes de résistance civile soient exclusivement utilisées par les activistes de mouvements populaires, les interventions de construction de la paix peuvent être mises en œuvre à différents niveaux de la société. Tels que popularisé par Lederach (1997) dans sa « pyramide », les constructeurs de paix peuvent être issus des plus haut niveaux de la prise de décision ("Track 1"), du niveau intermédiaire, composé de membres influents de la société civile ou de fonctionnaires ("Track 2"), ou de la base, par des acteurs locaux ("Track 3"). D'un côté, les agences internationales et interétatiques ont traditionnellement privilégié les interventions "par le haut" de construction de l'Etat. Il s'agit alors de renforcer les capacités du système étatique formel à garantir l'Etat de droit, la sécurité, à se comporter démocratiquement et à promouvoir l'accès équitable aux ressources. Ces interventions sont souvent sous-entendues comme une construction de la paix "libérale" en raison de leur tendance à imposer ou promouvoir l'agenda politique extérieur des pays occidentaux (Chandler 2010, Boege et al. 2009). D'un autre côté, les ONG locales et internationales privilégient la construction de la paix partant "de la base" (Ramsbotham et al. 2011), en cherchant à renforcer le dialogue intergroupe, la réconciliation ou la justice transitionnelle tels que localement ancrés. Leur hypothèse ou "théorie du changement" est que les processus de transition inclusive et l'émancipation de la société civile sont des préconditions nécessaires à une paix durable (ex.: Paffenholz 2010, Guardian 2015).

Qu'ils soient basés au sein d'une société touchée par un conflit (agissant comme bâtisseurs de liens internes) ou qu'ils interviennent de l'extérieur (en tant que médiateur, facilitateur, organisation humanitaire ou personnel de mission internationale), les constructeurs de paix partagent une auto-identification commune: **celle de tiers impartial**. Ils n'appartiennent pas ni ne s'associent aux parties au conflit. Cependant, une telle position impartiale peut s'avérer problématique dans des situations de conflit révélant des asymétries de pouvoirs sévères entre élites et minorités exclues ou majorités menottées. En effet, cette impartialité non-partisane pourrait être assimilée à une indifférence à l'oppression, et par extension, au renforcement d'un système injuste (Lederach 1995, Francis 2002). La plupart des organisations œuvrant pour la construction de la paix se fondent sur un programme de transformation qui reconnaît l'injustice économique, le déni de droits et de participation comme des facteurs sous-jacents de violence. Mais en pratique, la plupart des organisations internationales ont tendance à suivre une approche technique de la construction de la paix, ne tenant pas compte des conditions structurelles. Cette approche vise à mettre en œuvre des réformes techniques dans un domaine spécifique sans prendre en considération le système d'injustice persistante dans lequel elles s'insèrent (Ficher et Zimina 2009). Les instruments locaux de construction de la paix tels que le dialogue national ou les mécanismes traditionnels de résolution des conflits ont aussi été critiquées pour avoir promu un statu quo ante répressif ou pour avoir donné la priorité à la stabilité plutôt qu'à une transformation socio-économique ou politique profonde (Youngs 2014, Boege 2011). Ceci est en effet en contradiction avec les buts déclarés de la construction de la paix qui vise à s'attaquer aux conditions structurelles à l'origine d'un conflit, tel que l'injustice sociale, la répartition des terres inéquitable ou le manque de représentation politique, entre autres (Ramsbotham et al. 2011).

Les stratégies de construction de la paix visent à réduire l'intensité d'un conflit violent, alors que les méthodes de résistance civile visent à intensifier un conflit pour permettre d'avancer vers sa résolution.

Malgré les travaux éclairés de chercheurs-praticiens tels que Lederach (1995), Francis (2002), Schirch (2004), Fisher et Zimina (2009) et Kriesberg et Dayton (2012), **le rôle de la résistance civile n'a jusqu'à présent quasiment pas été reconnu dans la littérature relative à la construction de la paix.** Les approches qui préconisent « la construction de la paix par le bas » ont tendance à se concentrer sur les ONG professionnelles ou sur les canaux institutionnels qui permettront aux organisations de la société civile de faire entendre leur voix et d'influencer le changement, à travers le contrôle, le plaidoyer, la facilitation ou l'action en justice (ex. : Reichler et Paffenholz 2000, Van Tongeren et al. 2010, Paffenholz 2010). Pour sa part, l'école critique constructiviste a exploré des modes de résistance locale aux interventions externes dominées par une approche libérale de la construction de la paix (ex. Richmond 2010, McGinty 2012). Cependant, elle s'est principalement concentrée sur la résistance "cachée", la résistance "de tous les jours" des individus (Scott 1985), en négligeant le rôle des campagnes collectives et des actions de résistance constructive menées par des communautés, groupes et individus nonviolents, mobilisés et organisés.

Sur la base de cette comparaison croisée des principes analytiques sous-jacents et des mises en pratique de la résistance civile et de la construction de la paix, la prochaine section de ce rapport présentera les principaux points de complémentarité entre ces deux approches pourtant distinctes du point de vue du conflit et de la violence. En particulier, elle soulignera quatre étapes principales de la transformation des conflits dans lesquelles les méthodes propres à la résistance civile viennent renforcer la construction de paix, et vice versa.

Les rôles complémentaires de la résistance civile et de la construction de la paix tout au long des quatre étapes de la transformation de conflit

Un conflit socio-politique grave peut se définir comme un processus dialectique transformatif se développant à travers plusieurs étapes. Cette section se concentrera sur les dynamiques asymétriques d'un conflit, enracinées dans des déséquilibres de pouvoir structurels opposant des groupes sociaux et caractérisées par "la mesure dans laquelle une partie peut en dominer une autre" (Curle 1971: 6). En fait, la plupart des conflits armés contemporains peuvent être décrit comme asymétriques, dans lesquels un Etat (ou une force occupante) puissant militairement, économiquement et politiquement, se voit défié par des groupes insurgés, eux-mêmes représentant des communautés aux pouvoirs apparemment plus faibles. Le gouvernement détient la légitimité, la souveraineté, des alliés internes et externes, une armée et l'accès aux ressources. Voilà le lot que combattent les insurgés (Zartman 1996: 8).

Cette section décrira la résistance civile comme complément utile aux stratégies de construction de la paix à travers les différentes phases de transformation d'un conflit asymétrique. Ces étapes sont basées sur le diagramme (voir schéma 2) dessiné par le chercheur-praticien quaker Adam Curle (1971), repris et approfondi par Lederach (1995) et Francis (2002), et récemment re-popularisées dans une monographie retraçant la vie et l'héritage laissé par le « pacificateur radical » que fut Curle (Woodhouse et Lederach 2016). Ce diagramme décrit les étapes et processus principaux "qui doivent se dérouler si une situation d'oppression… caractérisée par un déséquilibre de pouvoir important… doit être amenée à se transformer en paix réelle" (Francis 2002: 54). Quatre étapes de transition et types d'intervention sont décrites:

1. **le conflit latent**
2. **le conflit ouvert**
3. **le règlement du conflit**
4. **la paix durable**

Ces stades sont caractérisés par:

- différents degrés de déséquilibre de pouvoir entre parties (du déséquilibre à l'équilibre);
- différents niveaux de conscience situationnelle des parties quant à leurs intérêts et besoins relatifs au conflit (de faible à élevé); et
- différents types d'environnement extérieur (de la rigidité du statu quo et de l'instabilité du conflit ouvert à la nature dynamique de la paix et de sa consolidation).

La plupart des conflits ne se développent pas de façon si simpliste et linéaire, mais sont au contraire complexes, multidirectionnels et relativement imprévisibles. Néanmoins, ce modèle est un cadre analytique utile à la visualisation d'une "approche de la contingence"[7] de la résistance civile et de la construction de la paix. Cette approche soutient que des stratégies complémentaires peuvent s'appliquer consécutivement ou simultanément à différents stades de transformation d'un conflit asymétrique, pour initier et soutenir un changement constructif en faveur d'une paix juste.

Schéma 2: La progression d'un conflit constructif dans des relations déséquilibrées (adapté de Curle 1971)

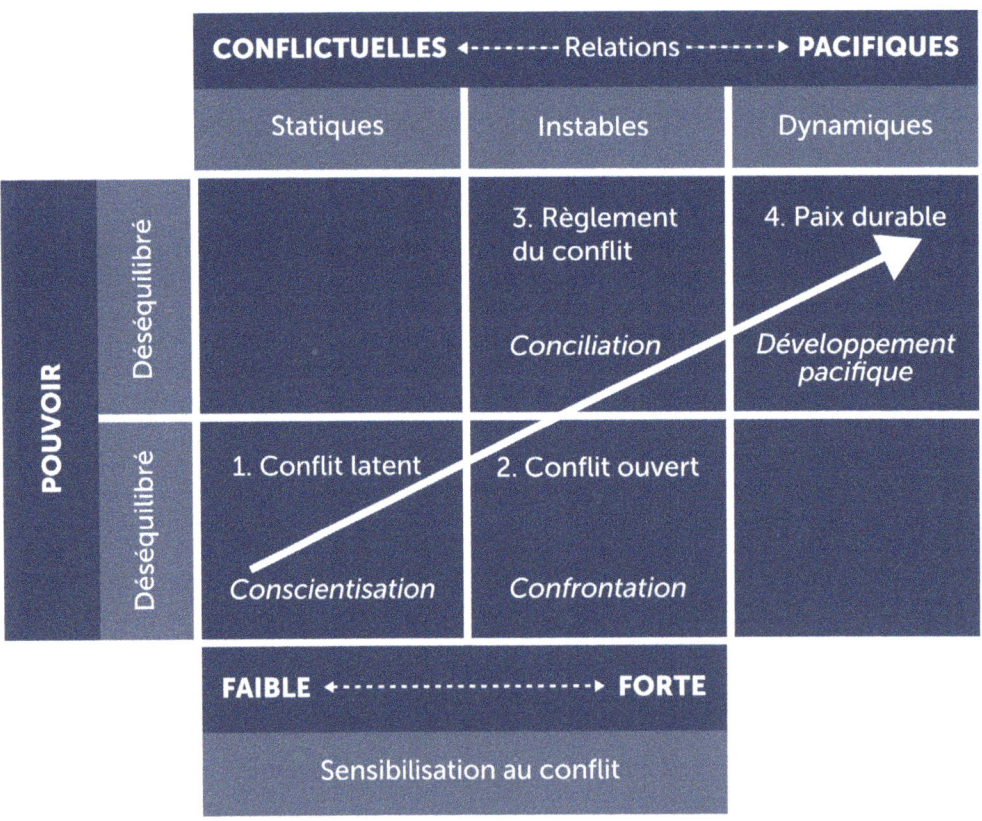

[7] La notion est empruntée à Fisher et Keashly (1991). Elle désigne un effort de séquençage et de coordination de l'intervention des diverses parties tierces, au regard des stades d'intensification et d'atténuation du conflit.

Stade 1 (Conflit latent): la conscientisation à travers la mobilisation nonviolente

Le stade initial du modèle de Curle, ou de **conflit latent**, est caractérisé par une situation de violence structurelle qui ne s'est pas encore manifestée au niveau comportemental. Les relations entre parties sont déséquilibrées et a *fortiori*, sous tension; elles sont aussi statiques, en raison du manque de conscience des parties de cette situation d'injustice ou d'inégalité. A ce stade, les stratégies de transformation de conflit visent à révéler aux parties au conflit les contradictions structurelles inhérentes auxquelles il doit être répondu, tout en veillant à ce que cette prise de conscience ne se transforme en mobilisation violente.

Les stratégies propres à la construction de la paix et à la résistance civile mettent toutes les deux l'accent sur le fait que la transformation d'un "conflit latent" ne se fera qu'en s'attaquant à ses causes fondamentales (telles que l'exclusion politique, l'inégalité socio-économique, le clientélisme et la corruption, le racisme institutionnel, etc.). Les praticiens de la construction de la paix sont conscients de l'importance d'agir sur les inégalités de pouvoir afin de prévenir des conflits violents. Le rapport de 2015 évaluant le système de construction de la paix des Nations Unies (adopté en 2016 par l'Assemblée Générale, Résolution 2282) souligne le besoin pour l'ONU d'accorder plus d'importance aux techniques de prévention de conflit. Cependant et en pratique les méthodes de conciliation sont souvent inefficaces lorsqu'il s'agit d'éveiller et soulever les groupes opprimés ou discriminés en recherche de justice et d'émancipation.

En revanche, les méthodes de résistance civile telle que l'organisation communautaire offre des moyens puissants en terme d' "éducation" (Curle 1971), d' "éveil" (Francis 2002) ou de "conscientisation" (Freire 1972) de ces groupes opprimés, afin qu'ils développent leur propre conscience politique du besoin de répondre au manque d'équité, et qu'ils portent leur voix dans l'espace public. Ceci est particulièrement vrai des méthodes de protestation et de persuasion nonviolentes (telles que les pétitions, manifestations ou affichages de symboles culturels/politiques). Ces méthodes sont des outils de mobilisation qui accroissent la conscience et élargissent la participation aux campagnes de résistance civile. Elles y parviennent en offrant aux citoyens la possibilité de devenir individuellement responsable du changement de situation (Clark 2005) et de diffuser publiquement l'information relative aux objectifs et revendications de la campagne.

> ### Encadré 2: Conscientisation au conflit en Afrique du Sud
>
> Le document fondateur du mouvement nonviolent pour la libération de l'Afrique du Sud, La Charte de la liberté, a servi à la fois d'outil de conscientisation et de mobilisation. Quelques 50 000 bénévoles ont parcouru villes et townships pour collecter les "demandes de libération" de la population sud africaine, demandes synthétisées dans un document final adopté en Juin 1955 par le "Congrès du peuple". Ce document appelait à la fin du racisme suprématiste, à l'établissement d'une démocratie, à la protection des droits de l'Homme et des droits du travail, à une réforme agraire, etc. Elle a inspiré deux générations d'activistes, d'abord engagés dans une lutte nonviolente avant le tournant insurrectionnel violent du début des années 1960, puis à nouveau lors de la résistance civile des années 1980 (Maharaj 2008).

Stade 2 (Conflit ouvert): Prévenir la violence par la confrontation constructive

Le deuxième stade du diagramme de Curle, ou de **conflit ouvert**, est encore caractérisé par les déséquilibres de pouvoir, mais les parties au conflit ont maintenant développé une forte conscience de leurs intérêts et besoins divergents. Les tensions jusqu'à présent dissimulées (par les puissants) ou gérées avec apathie et résignation (par les faibles) sont désormais remontées à la surface. Les relations entre parties sont devenues instables, et le conflit a commencé à se manifester. Pour les groupes marginalisés, ceci représente une étape d'émancipation à travers la confrontation (violente ou nonviolente) – un terme qui selon Curle (1971: 176) "couvre toutes les techniques par lesquelles le groupe le plus faible dans une relation déséquilibrée essaie de changer la nature de cette relation, afin de justement, la rééquilibrer". Alors que, dans un conflit asymétrique, le groupe subordonné ne voit souvent que dans la violence organisée – guérilla, terrorisme, révolution armée – la seule stratégie efficace dans sa quête de justice, ce rapport souligne le fait que la résistance civile offre une réponse plus efficace et constructive dans le combat pour la justice et contre les déséquilibres de pouvoir qui lui sont associés.

Pour leur part, les stratégies de construction de la paix offre une variété de techniques pour les groupes sociaux cherchant à instiguer un changement pacifique, mais aucune ne saurait être qualifiée d'outil de "confrontation". Paffenholz (2010) par exemple, liste les sept fonctions de la construction de la paix pour la société civile: la protection, l'évaluation, le plaidoyer, la socialisation et la cohésion sociale intergroupes, le dialogue et la prestation de service. Elle minimise cependant les fonctions de la protestation et de la résistance par lesquelles les groupes se sentant lésés cherchent à corriger les injustices et confronter les détenteurs du pouvoir.

Au stade du conflit ouvert, la résistance civile devient un complément nécessaire à la construction de la paix, dans la mesure où elle permet de mener un conflit nécessaire de façon non-armée et nonviolente. Le terme de "lutte" nonviolente, utilisé autant par les chercheurs que les activistes, met en exergue la dimension "d'intensification du conflit" de la résistance civile, en "rendant un conflit dissimulé plus visible à des fins intentionnelles et nonviolentes" (Fisher et al. 2000: 5)[8]. En effet, un certain degré de polarisation entre adversaires peut être envisagé, dans un « conflit constructif" (Kriesberg et Dayton 2012), comme une étape nécessaire dans la perspective de relations pacifiques, comme un moyen de "murir" le règlement du conflit. Ecrivant de sa cellule dans la prison de Birmingham, Martin Luther King soutenait que la résistance civile vise à "créer une situation si critique qu'elle ouvrira inévitablement la voie à la négociation" (King 1964).

Les méthodes de résistance civile contribuent aussi à la construction de la paix en évitant que le conflit n'escalade en confrontations violentes. En agissant sans et contre la violence, les activistes non-armés atténuent la violence de l'intérieur et de l'extérieur (Vinthagen 2015: 12). De l'intérieur, manuels et programmes de formation à la nonviolence (ex.: Popovic et al. 2007) soulignent l'importance stratégique de se tenir à une discipline stricte de nonviolence, et d'aider les activistes à développer des stratégies de "gestion de risque" afin de prévenir et contenir les franges violentes internes au mouvement (Chenoweth et Schock 2016, Pinckney 2016). La résistance civile n'empêchera pas la répression étatique violente contre des activistes non-armés. Néanmoins, il s'agit d'une stratégie d'autolimitation et d'un moyen de dissuasion contre la commission d'atrocités massives. En effet, la résistance nonviolente réduirait considérablement la potentialité de crimes de masse, dans la mesure où elle facilite la désobéissance et la défection des alliés au régime, notamment des forces de sécurité (Chenoweth et Perkosi 2015).

Encadré 3: Prévention du génocide en Timor Leste grâce à la résistance nonviolente

La lutte pour l'auto-détermination et contre l'occupation indonésienne en Timor Leste est un exemple de campagne de résistance nonviolente réussie. Cette dernière l'emporte sur les tactiques d'insurrection de la guérila et permet de briser le cycle d'intensification de la violence et des représailles contre des civils non-armés. Aux côtés des Forces Armées de Libération Nationale du Timor Leste (FALINTIL), un Front Clandestin développe des campagnes d'éducation et des manifestations nonviolentes pour sensibiliser à la situation au Timor. Le mouvement connaît un élan en 1991, attirant l'attention internationale lors du massacre de manifestants non-armés. Sous pression, Jakarta autorise un référendum en 1999, mais face au vote massif en faveur de l'indépendance, réagit en lançant une campagne militaire de la terre brûlée, ayant pour conséquences des destructions massives et des déplacements de population. Grâce à la maturité des dirigeants de la résistance civile qui appellent les guérillas FALANTIL à demeurer dans leurs cantonnements et à ne pas résister militairement, le mouvement réussi à calmer les tensions et éviter la guerre civile. A la place, une force internationale sous commandement australien intervient et les Timoriens gagnent leur indépendance en Mai 2002 (Chenoweth et Stephan 2011).

---

[8] Les auteurs distinguent l'intensification du conflit de « l'escalade du conflit », dans laquelle « les niveaux de tensions et violence sont croissants » (Fisher et al. 2000: 5).

La résistance civile doit donc être comprise comme un complément nécessaire aux efforts institutionnels de prévention mis en place par des organisations internationales ou locales sur des territoires vulnérables. Ceci s'applique aussi aux efforts récents de "prévention de l'extrémisme violent": on reconnaît désormais que la « radicalisation » d'une jeunesse (musulmane) en difficulté "n'est pas nécessairement le problème" mais que « le danger naît quand les mouvement radicaux commencent à faire usage de la peur, la violence et le terrorisme pour atteindre leurs objectifs idéologiques, politiques, économiques ou sociaux » (PNUD 2016). La résistance civile, une forme de radicalisme constructive et auto-limitative, peut aussi être conçue comme canal d'expression alternatif pour les individus – surtout les jeunes – attirés par l'appel des groupes djihadistes violents.

La résistance civile semble aussi avoir un impact durable sur la prévention de la violence: une étude apporte la preuve statistique que les transitions précipitées par des campagnes de résistance civile réussies "crées des démocraties bien plus durables et pacifiques que les transitions provoquées par des insurrections violentes" puisqu'elles sont corrélées à "une plus faible probabilité de rechute en guerre civile" (Chenoweth et Stephan 2011: 10; voir aussi Karatnycky et Ackerman 2005, Bayer et al. 2016).

Enfin, les méthodes de résistance civile ont aussi été employées par des communautés en proie à la guerre mais s'opposant à toute forme et source de violence, y compris la violence étatique et les insurrections menées par des groupes d'opposition armés. Des communautés pacifiques en Colombie (Masullo 2015) aux zones de paix aux Philippines (Hancock et Mitchell 2007), les initiatives populaires nous montrent qu'il est possible de s'engager efficacement dans des formes nonviolentes de noncoopération, d'auto-organisation et d'obstruction, même au sein d'un conflit armé. Les campagnes de résistance locales à la guerre contribuent à la construction de la paix en encourageant un engagement constructif avec les acteurs au conflit, tout en préfigurant les sociétés pacifiques post-conflit, bien qu'à plus petite échelle.

Stade 3 (Règlement du conflit): De la résistance au dialogue

Le troisième stade, celui du **règlement de conflit**, est atteint lorsque la confrontation débouche sur un changement de relations de pouvoir au profit d'un meilleur équilibre, amenant les parties, se trouvant dans une impasse, à réévaluer les coûts de maintien du conflit (Zartman 1996). Alors que les activistes parviennent à convertir ou à contraindre un nombre grandissant de leurs opposants, cette partie auparavant faible devient un partenaire incontournable de dialogue pour l'adversaire, favorable au statu quo. Le conflit entre alors dans une nouvelle phase, dans laquelle les parties adverses recherchent une solution, avec ou sans l'intervention d'une partie tierce, au moyen de techniques conciliantes et de résolution de problème, telles que la négociation, le dialogue ou la médiation. Les stratégies de construction de la paix et de résistance civile gardent tout leur pertinence à ce stade, dans la mesure où elles facilitent un règlement du conflit efficace et équilibré.

a) La résistance civile comme catalyseur d'un dialogue plus équilibré et inclusif

La résistance civile peut être comprise comme une stratégie de pré-conciliation ou de pré-négociation, puisqu'elle accomplit certaines des taches nécessaires à un règlement de conflit efficace (Dudouet 2013). En substance, s'émancipant de façon nonviolente, les opprimés accroissent leur admissibilité comme partie légitime au conflit, et ainsi, leur pouvoir de négociation. Les gains réalisés lors du conflit sont légitimés à la table des négociations.

Encadré 4 : Le plaidoyer des femmes pour la paix au Libéria

En 2003, au cours de la Deuxième Guerre Civile au Libéria, un groupe de femmes libériennes issues d'organisations musulmanes et chrétiennes, indigènes autant que de l'élite américo-libérienne, s'unit pour engager une campagne nonviolente en faveur de la paix. L'Action de masse des femmes du Libéria pour la paix (Women of Liberia Mass Action for Peace) mène des manifestations contre les combats qui balaient le pays à cette époque, demandant au gouvernement dirigé par Charles Taylor et aux rebelles des Libériens pour la Réconciliation et la Démocratie (LURD) de mettre fin aux violences et d'entamer des négociations. Après être parvenues à forcer le Président Taylor à les rencontrer et à en obtenir la promesse qu'il participera aux pourparlers de paix qui se tiennent au Ghana, une délégation de femmes se rend sur le site des négociations dans le but de maintenir la pression sur les factions belligérantes durant le processus pour la paix. Elles font un sit in devant le Palais présidentiel, en bloquant les portes et fenêtres afin d'empêcher les négociateurs de quitter le lieu sans être parvenus à une solution. Leurs actions conduisent à l'obtention d'un accord. Les femmes ont ainsi obtenu un accord de paix après quatorze ans de guerre civile, et plus tard, amené à la première accession de la fonction de chef d'Etat par une femme, Ellen Johnson Sirleaf (Gbowee et Mithers 2011).

A la fin des années 1980, *Solidarnosc* montre l'impuissance du régime politique communiste, en dépit de son pouvoir policier et militaire, à vaincre le mouvement national. Les grèves et manifestations grandissantes dans un contexte de crise économique, mettent les autorités sous pression et les forcent à répondre aux attentes du mouvement. En même temps, grâce à une discipline stricte de nonviolence, le mouvement devient un interlocuteur acceptable pour les communistes modérés. La légitimité acquise par Solidarnosc pour gouverner la Pologne est confirmée lors de négociations formelles avec le régime, qui aboutissent en l'organisation des élections démocratiques de Juin 1989, remportées par Solidarnosc haut la main.

La résistance civile contribue également à un règlement de conflit plus inclusif en permettant l'émancipation de la société civile et lui donnant une voix dans l'élaboration des scénarios de construction de la paix post-conflit.

En s'émancipant de façon nonviolente, les opprimés accroissent leur admissibilité comme partie légitime au conflit, et ainsi, leur pouvoir de négociation.

Selon Curle (1971: 184-5), les techniques de règlement de conflit, tel que le dialogue ou la négociation, qui ne sont pas précédées par un rééquilibrage des forces vers plus d'égalité autour de la table des négociations, ne mèneront que vers une pseudo résolution du conflit, équivalente à son prolongement. En effet, une solution qui ne garantit pas de droits aux marginalisés ne fait que confirmer le pouvoir des oppresseurs, tout en maintenant les opprimés dans l'illusion d'une amélioration de leur situation. Ainsi, l'émancipation de la partie la plus faible à travers la résistance civile est une précondition à la construction de la paix parce qu'elle incite ou contraint l'opposant en faveur du statu quo à entrer en dialogue pour trouver une solution au conflit (Vinthagen 2015: 122), tout en aidant les groupes marginalisés à créer un effet de levier efficace dans le processus de négociation (Finnegan et Hackley 2008, Wanis-St.John et Rosen 2017). Les recherches récentes sur la résistance civile démontrent, au moyen de statistiques, la supériorité des campagnes nonviolentes pour la démocratie et l'auto-détermination sur les campagnes violentes, dans l'obtention de concessions grâce à la négociation (Chenoweth et Stephan 2011, Pinckney 2014, Cunningham 2016).

Encadré 5: Pouvoir citoyen et négociations de paix au Népal

La révolution nonviolente qui a secoué le Népal en Avril 2006 aura réussi ce que 10 ans d'insurrection armée ne sera pas parvenu à accomplir, à savoir la négociation d'un accord en faveur de la démocratie et de la stabilisation du pays. La mobilisation combinée d'activistes de la société civile, de groupes sociaux marginalisés et de partis d'opposition, à travers des grèves, protestations, boycotts et manifestations, en alliance avec les insurgés maoïstes qui annoncèrent un cessez-le-feu unilatéral, eu un impact immédiat dans le désamorçage du conflit violent. Ce mouvement de masse (connu au Népal sous le nom de Jana Andolan-II), aura conduit les soutiens étrangers à la monarchie autocratique (tels que les gouvernements indien, américain et britannique) à adopter une attitude favorable au changement, et faisant pression sur le Roi Gyanendra afin qu'il établisse un nouveau Parlement et ouvre des voies de négociation. Ce développant conduira à la signature d'un accord de paix au terme duquel la monarchie est abolie et le Népal devient une république fédérale démocratique et laïque (Khatiwada 2015).

b) Les méthodes de construction de la paix comme compléments nécessaires à la transformation de conflits polarisés

Les "pères fondateurs" de la résistance civile, incarnés par Gandhi et King, portaient une approche globale de la gestion nonviolente d'un conflit qui, simultanément, combattrait l'injustice, résoudrait les différends et apporterait des solutions mutuellement satisfaisantes ("gagnant-gagnant"). De telles approches mettent en exergue le besoin d'établir des règles et techniques nonviolentes afin de rompre la spirale de relations destructives et de rassurer les opposants quant à leur statut post-conflit – pavant ainsi le chemin de la réconciliation intergroupe (Wher 1979, King et Miller 2006, Vinthagen 2015). La plupart des stratégies utilisées par les militants de la résistance civile ont pour objectif de prévenir la polarisation du conflit et de freiner les malentendus:

- en mettant l'accent sur la distinction entre personnes et problèmes ou injustices ("détester le péché et non le pécheur");
- en cherchant la fraternisation et la réduction de la distance sociale avec les piliers du pouvoir de l'opposant (forces de sécurité, élites financière, autorités religieuses, etc.); ou
- en augmentant les contacts et la communication intergroupes.

Tout en œuvrant à partir de ces tactiques, il est essentiel d'intégrer des techniques de conciliation ayant pour but d'assurer un changement plus inclusif et efficace. En particulier, dans un conflit caractérisé par une forte polarisation autour de valeurs non-négociables telle que l'identité ou les besoins humains fondamentaux, la transformation des relations de pouvoir à travers la résistance civile ne se traduira pas automatiquement en un changement positif en faveur de la justice sociale et de la réconciliation.

Dans cette situation, un dialogue sera nécessaire pour traduire les besoins légitimes et intérêts de tous en solutions justes, pratiques et mutuellement acceptables (Lederach 1995: 14). Des négociations inclusives ou un processus national de dialogue (Dudouet et Lundström 2016, Fondation Berghof 2017) sont des moyens pertinents pour aider les parties à identifier les structures sociales clefs nécessitant d'être réformées afin de rendre les relations équitables. Une médiation confidentielle réalisée avec le concours d'un tiers peut aussi être le lieu d'une persuasion discrète, où la partie dominante accepterait la médiation comme vecteur de changement politique sans pour autant donner l'impression de se soumettre aux mobilisation et pression publiques. Ces constats soulignent le besoin d'approfondir la recherche comparative sur ces "mécanismes de changement" (Lakey 1987) au cœur des transitions issues de la résistance civile. De telles recherches tendraient à vérifier si les campagnes gagnées grâce à la persuasion et aux concessions faites à l'adversaire sont plus propices à jeter des bases démocratiques et à obtenir la paix civile que les "changements de régime" plus abruptes et contraignants (Pickney 2014).

> ### Encadré 6: Transitions post-révolution en Tunisie et en Egypte
>
> Bien que l'Egypte soit retombée sous le coup d'un régime autoritaire après la révolution nonviolente de 2011, la Tunisie avance sur le chemin de la consolidation d'une démocratie pluripartite. Un facteur majeur explique ces trajectoires divergentes post-résistance civile : les mécanismes de négociation inclusive mis en place dans la foulée de la Révolution de Jasmin qui chassa le Président Zine el-Abidine Ben Ali, dans un contexte d'agitation sociale menaçant d'éclater en guerre civile. En 2013, les leaders du mouvement de résistance civile (un quartet composé de deux syndicats, la ligue des droits de l'Homme et l'Ordre des avocats tunisien) ont initié un dialogue national qui aura permis la mise en place d'un processus décisionnel sur la base d'une « feuille de route » pluraliste et démocratique (Fondation Berghof 2017).

Stade 4 (Paix durable): les doubles rôles de l'institutionnalisation et de la mobilisation citoyenne pour promouvoir et protéger la consolidation de la paix

La transformation des conflits atteint son dernier stade, la paix durable dans le modèle de Curle, quand les relations entre parties auparavant en conflit deviennent pacifiques et dynamiques, ces dernières établissant et maintenant des relations de pouvoir saines. Démocratisation, réconciliation et programmes de développement sont introduits pour encourager les parties à reconstruire leurs communautés, le tissu social déchiré, et à prévenir toute rechute dans la violence ou l'instabilité.

Construction de la paix et résistance civile sont deux approches de la transformation de conflit nécessaires pour aider les sociétés post-conflit à atteindre une situation de paix positive et d'assurer que l'institutionnalisation des mouvements sociaux ne soit pas cooptée par l'Etat (Dudouet 2007).

a) Institutionnalisation de la paix et matérialisation des gains négociés

Grâce à sa dimension constructive, la résistance civile représente une forme créative de conflit, dans le sens où elle prépare la société à l'étape suivant le règlement. Parce qu'elle est étroitement liée à un changement social et politique issu de la base et de l'émancipation citoyenne, elle mène souvent à la mise en place d'une démocratie participative, qui constitue l'un des objectifs des activités de construction de la paix dans les zones post-conflit (Francis 2002: 46). Le fait de s'organiser de façon collective et nonviolente dans le cadre d'actions de résistance constructive est un socle précieux pour la mise en place d'institutions parallèles, ainsi que le développement de compétences des leaders démocratiques à venir bénéficiant du soutien populaire. L'émergence de leaders politiques originaires des mouvements de résistance civile – tels que Lech Walesa en Pologne, Vaclav Havel en Tchécoslovaquie, ou Aung San Suu Kyi en Birmanie/Myanmar – contribue à prévenir la désignation externe par des parties tierces de porte-paroles ou de négociateurs à qui il manquerait la légitimité et le respect populaires. En ce sens, la résistance civile peut se définir comme « une promulgation utopique » du futur désiré, dans la mesure où elle préfigure une société post-conflit juste et pacifique (Vinthagen 2015).

En retour, les activités de construction de la paix – surtout les processus de Type I de reconstruction étatique – peuvent contribuer à maintenir et à institutionnaliser les pratiques créatives et d'inclusion sociale testées lors des campagnes de résistance civile. Les constructeurs de paix pourront incorporer les pratiques comportementales, principes normatifs et modèles institutionnels dérivés de la résistance civile au sein des infrastructures de paix officielles et de leur codification légale, tels que dans une réforme constitutionnelle.

> ### Encadré 7 : Démocratisation en Afrique du Sud
>
> Les institutions et mécanismes mis en place en Afrique du Sud post-apartheid incarnent et reflètent les valeurs et pratiques du mouvement de résistance civile qui transforma le pays dans les années 1980 (voir Encadré 2). La Constitution de 1996 porte une vision inclusive du contrat social unissant les citoyens à leur Etat, en introduisant des dispositions de démocratie directe et de participation citoyenne dans la mise en place des politiques publiques (Graham 2014). La Commission Vérité et Réconciliation (TRC) de 1996 est aussi devenue un modèle international de justice réparatrice. Bien qu'elle ait contribué à révéler la nature auto-limitative de l'insurrection armée du Congrès National Africain (ANC) et ses efforts pour limiter les victimes civiles (Maharaj 2008), certains observateurs soulignent l'opportunité manquée par la TRC de mettre en valeur et documenter l'héritage laissé par la résistance civile. Au contraire, le discours binaire victime/bourreau et l'attention concentrée sur les crimes de guerre ont laissé dans l'ombre les actes héroïques de résistance civile nonviolente contre la violence structurelle (Leebaw 2011).

b) Résistance civile à une construction de la paix "libérale" ou à une transformation de conflit incomplète

Comme relevé précédemment, l'école critique de la construction de la paix a montré les limites de l'intervention de puissances internationales post-conflit, qui cherchent (intentionnellement ou pas) à reproduire les standards démocratiques et sociaux des sociétés libérales occidentales. Des recherches récentes ont examiné les formes variées de résistance utilisées par les acteurs locaux contre les interventions extérieures de construction de la paix et de reconstruction étatique, à travers le prisme de la "résistance quotidienne". Certains la qualifie de négative dans le sens où elle « limite la mise en place sereine de mesures visant à atténuer le conflit et construire la paix » (Galvanek 2013: 16). Richmond (2010) utilise la notion de "construction de la paix comme résistance" pour nommer la tension qui caractérise les interactions entre acteurs locaux et internationaux dans des interventions de paix gérées extérieurement. Les spécialistes de la résistance civile en revanche, notent les aspects positifs de cette résistance quotidienne : elle peut servir à rééquilibrer les rapports de force au profit des groupes destitués, subalternes, et les aider à discréditer les structures répressives soutenues par les forces extérieures (Vinthagen et Johansson 2013). Cet angle de recherche peut éclairer de manière complémentaire les analyses relatives à l'opposition locale aux programmes de construction de la paix inappropriés, en révélant les nombreuses méthodes individuelles et collectives en jeu.

> ### Encadré 8: Au Kosovo, résistance civile à une paix imposée de l'extérieure
>
> La résistance civile contre la domination serbe – combinée à la lutte armée lancée par l'Armée de Libération du Kosovo (KLA) – a joué un rôle pivot dans la sensibilisation de la communauté internationale au sort des Albanais Kosovars dans les années 1990. Cependant, dans la période post-conflit, des tactiques nonviolentes ont également été utilisées à l'encontre d'un nouvel opposant: les organisations internationales de construction de la paix. Le mouvement Vetevendosje, créé en 2004, promeut la résistance populaire contre la violence structurelle soit disant perpétrée par la mission des Nations Unies au Kosovo (MINUK), qui impose un modèle de gouvernance dirigée de l'extérieur et qui serait donc illégitime et inexplicable pour le peuple kosovar (Ringler 2010). Affirmant que le projet de reconstruction étatique promu par les constructeurs de paix internationaux agit comme un rempart à l'indépendance et à la souveraineté du Kosovo, les militants de Vetevendosje ont "combiné manifestations populaires, campagnes créatives et délibération locales pour propager le droit à l'auto-détermination, et cibler les pouvoirs exclusifs et prolongés du régime de gouvernance internationale comme principale obstruction à l'atteinte de cet objectif" (Visoka 2011: 124-125).

Cet exemple illustre le rôle crucial que la résistance civile continue à jouer dans des sociétés post-conflit. La communauté scientifique a payé peu d'attention aux campagnes nonviolentes menées par des communautés désillusionnées face à la lenteur des réformes et au retour abrupt de la corruption et des anciennes pratiques anti-démocratiques. De telles mobilisations devraient jouer un rôle essentiel pour assurer que le règlement de conflit aboutisse à une paix durable, plutôt qu'à une "pacification balayant un conflit sous le tapis" (Curle 1971: 184). En mettant la pression sur les élites actuelles et nouvelles afin qu'elles respectent leur engagement à construire la paix de façon globale et transformative, les militants de la résistance civile contribuent à éviter toute rechute en un conflit violent, en atténuant le risque de voir les injustices accumulées utilisées par des groupes radicaux et violents. Dans ce contexte, il sera intéressant d'observer si et comment les différents groupes de la société civile colombienne se mobilisent pour assurer que le récent accord de paix entre le gouvernement et les FARC est mis en œuvre et respecté par les deux parties.

Le dernier tableau ci-contre résume les traits principaux des quatre stades du modèle de Curle, des stratégies de résistance civile et de construction de la paix appropriées pour chacun de ces stades, et de leur impact sur la transformation des conflits.

Encadré 9: Mobilisation post-conflit au Népal en faveur d'une paix positive

En dépit de l'espoir suscité par l'accord de paix de 2006 (voir Encadré 4), les mécanismes institutionnels descendants de construction de la paix (tels que les dispositions constitutionnelles relatives au fédéralisme ethnique, aux programmes DDR ou la Commission Vérité et Réconciliation) ont largement échoué à distribuer les "dividendes de la paix" promises aux différents secteurs de la société népalaise, qui se sont sentis frustrés par l'incapacité du gouvernement à transformer les structures d'exclusion et de domination élitiste profondément ancrées. Par dessus tout, ces attentes déçues ont affecté les communautés historiquement marginalisées que sont les minorités ethniques, les castes les plus basses et les habitants des plaines. Cependant, d'autres groupes ont aussi été impactés et marginalisés par la guerre, tels que les victimes du conflit et les anciens combattants "disqualifiés" pour les programmes de réinsertion socio-professionnelle tels que les enfants soldats. Dans les années suivant les accords de paix, ces différents groupes se sont mobilisés dans un effort conjoint ou parallèle, afin de faire respecter leurs droits à la vérité, la réparation, la justice sociale, la représentation politique, la reconnaissance culturelle ou encore, à leur bien-être économique. Bien que les émeutes ethniques aient défrayés la chronique, d'autres groupes ont développé des campagnes de résistance civile, utilisant un vaste panel de techniques créatives nonviolentes (grèves et fermeture (bandhas), réécriture des panneaux gouvernementaux dans la langue local (non-népalaise), organisation de rassemblement de flambeaux, chaines humaines et encerclement public de bâtiments (gherao) afin de faire pression sur les autorités (Neelakantan et al 2016, Robbins et Bhandari 2016).

Tableau 2: Stratégies de résistance civile et de construction de la paix et leur impact durant les quatre stades de transformation des conflits

	Conflit latent	Conflit ouvert	Règlement du conflit	Post-règlement de conflit
Aspects de la phase de conflit	Violence structurelle Faible sensibilisation au conflit Déséquilibre de pouvoir	Intensification du conflit	Un dialogue entre égaux se substitue au conflit et à la résistance	Mise en œuvre et construction de la paix
Stratégies de résistance civile	Organisation et mobilisation communautaire Prévention de la violence	Action nonviolente (protestation et persuasion, non-coopération, intervention déstabilisante ou constructive)	Pression populaire à la table des négociations pour obtenir un résultat équitable	Campagnes nonviolentes pour la mise en œuvre d'une paix juste
Stratégies de construction de la paix	Prévention de la violence (alerte précoce, diplomatie préventive, dialogue)	Maintien de la paix, facilitation du dialogue (inter et intra-parties), monitoring des droits de l'Homme	Conciliation inter-parties à travers le dialogue et la négociation (directe ou via une partie tierce)	Institutionnalisation des résultats de la négociation à travers des réformes politiques, sécuritaires et socio-économiques, réconciliation et justice transitionnelle
Impact	Conscientisation à la nécessité du conflit afin de traiter les injustices et changer le statu quo	Mitigation de la violence, émancipation des groupes subalternes	Accord négocié	Paix durable et justice

Conclusion: Contributions stratégiques et leçons apprises pour activistes, praticiens, formateurs, éducateurs et acteurs internationaux

Pour en revenir aux questions initiales posées en introduction, ce rapport espère avoir démontré que:

- Résistance civile et construction de la paix sont deux stratégies distinctes partageant la volonté d'obtenir un changement pacifique et la transformation des conflits par l'utilisation d'outils d'intervention variés. Tandis que la résistance civile est délibérément partiale envers l'injustice et soutient l'émancipation populaire et l'activisme nonviolent, les consolidateurs de paix cherchent à bâtir des ponts entre parties au conflit pour améliorer leurs relations et (re)construire des institutions propices à la paix. Alors que la résistance civile incarne des méthodes de contestation extra-institutionnelles, la construction de la paix utilise quant à elle des méthodes conventionnelles de mitigation du conflit. Tandis que les conflits nonviolents sont menés à travers le pouvoir citoyen par le bas, la construction de la paix (dans son acception la plus large) est menée grâce à une intervention à multiples niveaux, par l'action coordonnée d'acteurs internationaux, étatiques, populaires et issus de la société civile.
- Les conflits trouvant leurs racines dans une asymétrie structurelle entre élites étatiques et ceux qui les défient (ex.: minorités opprimées ou majorités affaiblies) ne pourront être transformés que par la combinaison des stratégies de résistance civile et de construction de la paix. Ce rapport a analysé les contributions respectives des deux stratégies à travers les quatre stades de transformation, du conflit latent au conflit ouvert (à travers la conscientisation, la mobilisation et la confrontation), et du règlement de conflit à la consolidation de la paix (grâce au dialogue, à l'institutionnalisation et au plaidoyer).
- A partir de leurs complémentarités, activistes nonviolents et praticiens de la construction de la paix ont beaucoup à apprendre les uns des autres, et les acteurs internationaux doivent avoir pour objectif de soutenir ces deux types d'agents de changement. Par conséquent, les consolidateurs de paix doivent être mieux informés des potentielles contributions que peuvent apporter les stratégies de résistance civile. Ci-dessous sont énumérées quelques réflexions sur les points clefs à l'attention des différents groupes concernés.

Points clefs pour activistes de la résistance civile et praticiens de la construction de la paix

- Ce rapport démontre le besoin pour les militants de terrain et bâtisseurs de ponts de penser les stratégies d'intervention dans un conflit de façon plus comparative, et d'ancrer leurs choix d'action dans une analyse précise et continue des relations de pouvoir propre à chaque conflit. Ceci les aiderait à établir si un conflit donné n'est pas encore assez mûr pour produire un règlement grâce à la négociation et la médiation, mais doit, au contraire, être intensifié par des actions constructives de résistance nonviolente; et inversement, à quel stade d'une campagne de résistance civile la négociation est-elle possible et désirable.
- Le modèle de Curle tel que décrit ici peut être utilisé comme guide pour les parties au conflit quand ces dernières se trouvent confrontées à un choix stratégique crucial, autrement dit, si (et quand) un conflit doit être intensifié ou non. Mais il peut aussi être utilisé par des activistes tiers ou des médiateurs confrontés au dilemme de savoir si (et quand) adopter une position impartiale ou au contraire, prendre partie pour le groupe faible/marginalisé du conflit.
- Une recherche plus approfondie est nécessaire pour appliquer ce modèle combinant résistance civile et construction de la paix à la complexité des conflits contemporains. Bien que nous sachions que les conflits hautement polarisés nécessitent de multiples formes d'intervention, il nous faut encore enrichir notre compréhension des différents points d'entrée de la résistance civile et des interventions de construction de la paix dans des conflits violents.

Points clefs pour les organisations, formateurs et éducateurs soutenant et promouvant la résistance civile

- Il y a un besoin réel de nouveau matériel de formation et d'éducation sur les "nouvelles frontières" de la résistance civile, en appliquant les techniques et méthodes aux différents stades de la transition du conflit nonviolent à la démocratie pacifique et durable. En particulier, il nous faut enrichir nos connaissances quant aux outils de mobilisation efficaces durant la phase cruciale que constitue la mise en œuvre des accords de paix post-conflit, et qui révèle souvent injustices et frustrations en raison de l'incapacité de l'élite en place et émergente à respecter ses engagements (Dudouet et Lundström 2016).
- Les programmes de formation et d'éducation à la résistance civile devraient aussi développer des modules spécifiques sur le rôle de la négociation, du dialogue et

d'autres mécanismes de construction de la paix pendant ou durant les campagnes nonviolentes, notamment les compétences et processus utilisables en interne pour bâtir des coalitions efficaces et gérer les conflits intra-mouvement ; chercher à nouer des partenariats avec les organisations d'éducation et de formation leaders dans le secteur de la construction de la paix.
- Il serait utile de collecter des études de cas approfondies illustrant comment les mouvements nonviolents se mobilisent à différents stades de développement des conflits socio-politiques aigus, et quels sont leurs effets sur leur transformation durable.

Points clefs pour acteurs internationaux (donateurs, diplomates et organismes intergouvernementaux) cherchant à encourager ou soutenir la transformation constructive et efficace des conflits

- L'impératif de prévention de conflit est désormais sur le devant de la scène internationale grâce aux récents rapports des Nations Unies relatifs à la construction de la paix, aux opérations de paix et à la lutte contre les extrémismes violents.[9] Cependant, les organismes de construction de la paix doivent évoluer pour adopter le langage de "prévention de la violence", reconnaissant ainsi que la violence physique, plus que le conflit, est la réelle source du problème. L'intervention internationale dans les régions touchées par un conflit tend à être motivée par l'impératif d'éviter à tout prix le conflit ouvert – y compris les conflits menés par des mouvements nonviolents. Une telle attitude peut s'avérer éthiquement dangereuse si elle mène à l'acceptation de relations profondément inéquitables au nom de la prévention du conflit. Au contraire, si elles se donnent pour objectif d'adresser les causes de conflits sociaux, les organismes de construction de la paix devraient autant chercher à révéler les violences structurelles et à égaliser les relations qu'à résoudre des crises humanitaires ou lutter contre l'extrémisme violent.
- Plus concrètement, certaines voies peuvent être empruntées pour encourager le soutien international aux mouvements activistes nonviolents en quête de changement. Par exemple, l'impératif de "la responsabilité de protéger", globalement adoptée, qui encourage l'action précoce afin de prévenir les génocides et atrocités de masse, devrait aussi inclure une "responsabilité d'accompagner" les mouvements populaires nonviolents se dressant contre les violations systématiques des droits de l'Homme (Lagon et McCormick

---

[9] Voir le Rapport des Nations Unies sur l'Architecture de la Construction de la paix : http://www.un.org/en/peacebuilding/review2015.shtml; le Rapport du Groupe indépendant de haut niveau des Nations Unies chargé d'étudier les opérations de maintien de la paix : http://www.un.org/en/ga/search/view_doc.asp?symbol=A/70/95; Plan d'action pour la prévention de l'extrémisme violent du Secrétariat Général des Nations Unies : https://www.un.org/en/ga/search/view_doc.asp?symbol=A/70/674

2015). Les diplomates et autres acteurs internationaux ont déjà à disposition des guides pour les aider à décider pourquoi, quand et comment prêter leur soutien aux mouvements de résistance civile en faveur de la justice et de la démocratie, et contre la corruption étatique (ex. : Kinsman et Bassuener 2008, Dudouet et Clark 2009, Beyerle 2014).

- Quand la diplomatie préventive échoue à empêcher la guerre, les agences de construction de la paix devraient être encouragées à identifier, reconnaître et assister les franges nonviolentes, qui souvent opèrent simultanément avec les groupes d'insurgés armés. Les mouvements sociaux qui poursuivent les mêmes objectifs que les groupes non-étatiques armés tout en résistant à rejoindre la spirale de violence font rarement les gros titres des médias internationaux. Ils sont souvent mis de côté au profit des élites, des groupes armés et des organisations de la société civile urbaines/professionnelles, et de même quand vient le temps des négociations et de la mise en place des mécanismes de construction de la paix qui en suivront. Si on leur accordait la place qu'ils méritent, ces groupes auraient le potentiel de jouer un rôle constructif majeur dans les processus post-conflit, grâce à leur rôle représentatif et leurs aspirations démocratiques.

- Plus généralement, et dans la même ligne que les critiques adressées aux interventions de paix "libérales" dans les régions touchées par un conflit, il est grand temps pour les organismes donateurs, les diplomates et organisations supranationales, de changer de point de vue sur la gestion des crises intra-étatiques. Au lieu d'infuser ou imposer des modèles interventionnistes conçus dans les capitales étrangères, ils devraient au contraire aider les communautés locales à renforcer leurs propres capacités à transformer les sources de conflit, en combinant les méthodes de la résistance civile et de la conciliation par le dialogue.

Bibliographie

Ackerman, Peter and Jack DuVall. *A Force More Powerful: A Century of Nonviolent Conflict.* New York: Palgrave, 2000.

Bayer, Markus, Felix S. Bethke, and Daniel Lambach. "The Democratic Dividend of Nonviolent Resistance". *Journal of Peace Research*, 53 (2016): 758–771.

Bartkowski, Maciej (ed). *Recovering Nonviolent History: Civil Resistance in Liberation Struggles.* Boulder: Lynne Rienner, 2013.

Berghof Foundation. *National Dialogue Handbook: a Guide for Practitioners.* Berlin: Berghof Foundation, 2017. www.berghof-foundation.org/fileadmin/redaktion/Publications/Other_Resources/NationalDialogue/BF-NationalDialogue-Handbook.pdf

Beyerle, Shaazka. *Curtailing Corruption: People Power for Accountability and Justice.* Boulder: Lynne Rienner, 2014.

Boege, Volker, Anne Brown, Kevin Clements, and Anna Nolan. "On Hybrid Political Orders and Emerging States: What is Failing – States in the Global South or Research and Politics in the West?". In *Building Peace in the Absence of States: Challenging the Discourse on State Failure.* Berghof Handbook Dialogue Series No. 8, eds. Martina Fischer and Beatrix Schmelzle. Berlin: Berghof Foundation, 2009. http://www.berghof-foundation.org/fileadmin/redaktion/Publications/Handbook/Dialogue_Chapters/dialogue8_boegeetal_lead.pdf

Boege, Volker. "Potential and Limits of Traditional Approaches in Peacebuilding". In *Advancing Conflict Transformation: Berghof Handbook for Conflict Transformation 2*, eds. Beatrix Austin, Martina Fischer, Hans J. Giessmann. Berlin: Berghof Foundation, 2011. www.berghof-foundation.org/fileadmin/redaktion/Publications/Handbook/Articles/boege_handbookII.pdf

Bond, Doug, J Craig Jenkins, Charles L Taylor and Kurt Schock. "Mapping mass political conflict and civil society". *Journal of Conflict Resolution* 41(4) (2016): 553–579.

Bond, Doug, Jenkins, J.C., Taylor, C.L. and Schock, Kurt (1997) "Mapping mass political conflict and civil society", *Journal of Conflict Resolution*, 41(4) (1997): 553–579.

Chabot, Sean and Stellan Vinthagen. "Decolonizing Civil Resistance". In *Mobilization: An International Quarterly* 20(4) (2015): 517-532.

Chandler, David. "The uncritical critique of 'liberal peace'". In *Review of International Studies* 36 (2010): 137-155.

Chenoweth, Erica and Maria J Stephan. *Why Civil Resistance Works: The Strategic Logic of Nonviolent Conflict.* New York, NY: Columbia University Press, 2011.

Chenoweth, Erica and Maria Stephan. How the world is proving Martin Luther King right about nonviolence, *Washington Post*, 18 January 2016. www.nonviolent-conflict.org/resource/world-proving-martin-luther-king-right-nonviolence

Chenoweth, Erica and Kurt Schock. "Do Contemporaneous Armed Challenges Affect the Outcomes of Mass Nonviolent Campaigns?" In *Mobilization: An International Quarterly* 20(4) (2015): 427-451.

Chenoweth, Erica and Evan Perkoski. "Government Crackdowns, Mass Killings, and the Trajectories of Violent and Nonviolent Uprisings". Presentation prepared for the 2015 Peace Science Society Annual Meeting. 2015. http://sites.psu.edu/pssi/wp-content/uploads/sites/12816/2015/11/Chenoweth.Perkoski.PSS_.pdf

Chupp, Mark. "When mediation is not enough". In *Conciliation Quarterly* 10(3) (1991): 12-13.

Clark, Howard. *Campaigning Power and Civil Courage: Bringing "People Power" Back into Conflict Transformation*. London: Committee for Conflict Transformation Support, 2005.

Cunningham, Kathleen. "Understanding strategic choice: The determinants of civil war and non-violent campaign in self-determination disputes". In *Journal of Peace Research* 50(3) (2013): 291-304.

Cunningham, Kathleen. "The Efficacy of Non-violence in Self-determination Disputes". Paper presented at the Annual Meeting of the International Studies Association, Atlanta, March 15 – 20, 2016.

Curle, Adam. *Making Peace*. London: Tavistock, 1971.

Dudouet, Véronique, "Peacemaking and Nonviolent Resistance. A Study of the Complementarity between Conflict Resolution Processes and Nonviolent Intervention, with Special Reference to the Case of Israel-Palestine." PhD Thesis. Bradford: Department of Peace Studies, University of Bradford, 2005.

Dudouet, Véronique. *Surviving the Peace? Challenges of War-to-Peace Transitions for Civil Society Organisations*. Berghof Report No. 16. Berlin: Berghof Foundation, 2007.

Dudouet, Véronique and Howard Clark. "Nonviolent Civic Action in Support of Human Rights and Democracy". Directorate-General for External Policies of the Union, EXPO/B/DROI/2008/69. Brussels: European Parliament, 2009. www.europarl.europa.eu/activities/committees/studies/download.do?language=en&file=25679

Dudouet, Véronique. "Nonviolent Resistance in Power Asymmetries". In Advancing Conflict Transformation. The Berghof Handbook II. Beatrix Austin, Martina Fischer and Hans J. Giessmann (eds.). Opladen – Farmington Hills: Barbara Budrich, 2011. 237-264.

Dudouet ,Véronique. "Conflict Transformation through Nonviolent Resistance". In *Conflict Transformation: Essays on Methods of Nonviolence*. Tom Hastings, Emiko Noma and Rhea DuMont (eds.). Jefferson (NC): McFarland & Company Publishers, 2013. 9-33.

Dudouet, Véronique (ed.). Civil Resistance and Conflict Transformation: Transitions from Armed to Nonviolent Struggle. London: Routledge, 2014.

Dudouet, Véronique and Stina Lundström. *Post-war Political Settlements: From Participatory Transition Processes to Inclusive State-building and Governance*. Research Report. Berlin: Berghof Foundation, 2016. http://image.berghof-foundation.org/fileadmin/redaktion/Publications/Papers/IPS_SynthesisReport.pdf

Fisher, Simon, Dekha Ibrahim Abdi, Jawed Ludin and Richard Smith. *Working with Conflict: Skills and Strategies for Action*. London: Zed Books, 2000.

Fisher, Simon and Lada Zimina. "Just Wasting our Time? Provocative Thoughts for Peacebuilders". In *Peacebuilding at a Crossroads? Dilemmas and Paths for Another Generation*. Handbook Dialogue No 7. Beatrix Schmelzle and Martina Fischer (eds). Berghof Foundation: Berlin, 2009. www.berghof-foundation.org/fileadmin/redaktion/Publications/Handbook/Dialogue_Chapters/dialogue7_fishzim_lead.pdf.

Finnegan, Amy C. and Susan G. Hackley. "Negotiation and Nonviolent Action: Interacting in the World of Conflict". Harvard Law School, 2008. www.pon.harvard.edu/events/negotiation-and-nonviolent-action/negotiation-and-nonviolent-action-interacting-in-the-world-of-conflict/

Francis, Diana. *People, Peace and Power: Conflict Transformation in Action*. London: Pluto Press, 2002.

Francis, Diana. *From Pacification to Peacebuilding*. London: Pluto Press, 2010.

Freire, Paulo. *Pedagogy of the Oppressed*. Harmondsworth: Penguin Press, 1972.

Galtung, Johann. "Violence, Peace, and Peace Research". *Journal of Peace Research*, 6(3): 167-191 (1969).

Galtung, Johann. "Three Approaches to Peace: Peacekeeping, Peacemaking, and Peacebuilding". In *Peace, War and Defense: Essays in Peace Research*; Vol. 2. Copenhagen: Ejlers, 1976.

Galtung, Johann. *Peace by Peaceful Means: Peace and Conflict, Development and Civilisation*. London: Sage Publications, 1996.

Gbowee, Leymah and Carol Mithers. *Mighty be our Powers: How sisterhood, Prayer, and Sex Changed a Nation at War: A Memoir*. New York: Beast, 2011.

Hancock, Landon and Christopher Mitchell. *Zones of Peace*. Bloomfield: Kumarian Press, 2007.

Galvanek, Janel. "Translating Peacebuilding Rationalities into Practice: Local Agency and Everyday Resistance". Berlin: Berghof Foundation, 2013. www.berghof-foundation.org/fileadmin/redaktion/Publications/Papers/BF_CORE_Rep_Galvanek.pdf.

Graham, Paul. "Committed to Unity: South Africa's Adherence to Its 1994 Political Settlement". Inclusive Political Settlements Paper 6. Berlin: Berghof Foundation, 2014. www.berghof-foundation.org/fileadmin/redaktion/Publications/Other_Resources/IPS/6-South-Africa_s-Adherence-to-Its-1994-Political-Settlement.pdf.

The Guardian. "17 suggestions for supporting peacebuilding in fragile states". 21 July 2015. www.theguardian.com/global-development-professionals-network/2015/jul/21/17-suggestions-for-supporting-peacebuilding-in-fragile-states

Karatnycky, Adrian and Peter Ackerman. "How Freedom Is Won. From Civic Resistance to Durable Democracy". In *International Journal of Not-for-Profit Law* 7(3) (2005).

King, Martin Luther, Jr. "Letter from Birmingham Jail". in: *Why We Can't Wait*. New York: Signet Books, 1964. 76-95.

King, Mary Elizabeth. *A Quiet Revolution. The First Palestinian Intifada and Nonviolent Resistance.* New York: Nation Books, 2007.

King, Mary E. and Christopher A. Miller. *Teaching Model: Nonviolent Transformation of Conflict.* Addis Ababa: University for Peace, 2006.

Kinsman, Jeremy and Bassuener, Kurt. *A Diplomat's Handbook for Democracy Development Support.* Third Edition. Waterloo (Canada): The Centre for International Governance Innovation, 2008.

Khatiwada, Padma Prasad. "The Nepalese Peace Process: Faster Changes, Slower Progress *Inclusive Political Settlements Paper 9*. Berlin: Berghof Foundation, 2014. www.berghof-foundation.org/fileadmin/redaktion/Publications/Other_Resources/IPS/The-Nepalese-Peace-Process.pdf.

Kriesberg, Louis and Bruce Dayton. *Constructive Conflicts: From Escalation to Resolution.* Fourth Edition. Lanham, MA: Rowman & Littlefield, 2012.

Lagon, Mark and McCormick, Patrick. "The Responsibility to Accompany: A Framework for Multilateral Support of Grassroots Nonviolent Resistance", *Ethics & International Affairs*, January 28, 2015. www.ethicsandinternationalaffairs.org/2015/the-responsibility-to-accompany-a-framework-for-multilateral-support-of-grassroots-nonviolent-resistance/

Lakey, George. *Powerful Peacemaking: A Strategy for a Living Revolution.* Philadelphia: New Society Publishers, 1987.

Lederach, John Paul. *Preparing For Peace: Conflict Transformation Across Cultures.* New York: Syracuse University Press, 1995.

Lederach, John Paul. *Building Peace: Sustainable Reconciliation in Divided Societies.* Washington, D.C.: United States Institute of Peace (USIP), 1997.

Leebaw, Bronwyn. *Judging State-Sponsored Violence, Imagining Political Change.* New York: Cambridge University Press, 2011.

Maharaj, Mac. "The ANC and South Africa's negotiated transition to democracy and peace". *Berghof Transitions Series 2*. Berlin: Berghof Foundation, 2008. www.berghof-foundation.org/fileadmin/redaktion/Publications/Papers/Transitions_Series/transitions_anc.pdf.

Mac Ginty, Roger. "Between Resistance and Compliance: Non-participation and the Liberal Peace". In *Journal of Intervention and Statebuilding*, 6 (2) (2012): 167-187.

Masullo, Juan. "The Power of Staying Put: Nonviolent Resistance Against Armed Groups in Colombia". *ICNC Monograph Series*. Washington DC: ICNC, 2015. www.nonviolent-conflict.org/wp-content/uploads/2015/12/ColombiaMonographForOnline.pdf.

Neelakantan, Anagha, Alexander Ramsbotham and Deepak Thapa. *Peace, Power and Inclusive change in Nepal.* London: Conciliation Resources, 2016. www.c-r.org/downloads/Peace,%20power%20and%20inclusive%20change%20in%20Nepal.pdf

Paffenholz, Thania. *Civil Society and Peacebuilding: A Critical Assessment.* Boulder: Lynne Rienner, 2010.

Pinckney, Jonathan 2014. "Winning Well: Civil Resistance Mechanisms of Success, Democracy, and Civil Peace". MA thesis. http://digitalcommons.du.edu/cgi/viewcontent.cgi?article=1516&context=etd

Pinckney, Jonathan. "Making or Breaking Nonviolent Discipline in Civil Resistance Movements". *ICNC Monograph Series*. Washington DC: ICNC, 2016. www.nonviolent-conflict.org/wp-content/uploads/2015/12/Pinckney-Monograph-Final-with-Map-Changes-for-Online.pdf

Popovic, Srdja, Slobodan Djinovic, Andrej Milivojevic, Hardy Merriman and Ivan Marovic. *CANVAS Core Curriculum: A Guide to Effective Nonviolent Struggle*. Belgrade: Centre for Applied Nonviolent Action and Strategies (CANVAS), 2007. https://global.wisc.edu/peace/readings/cambridge-canvas-core-curriculum.pdf.

Ramsbotham, Oliver, Hugh Miall and Tom Woodhouse. *Contemporary Conflict Resolution*. Third Edition. London: John Wiley & Sons, 2011.

Randle, Michael. *Civil Resistance*. London: Fontana Press, 1994.

Reichler, Luc and Thania Paffenholz. *Peacebuilding: A Field Guide*. Boulder, CO: Lynne Rienner Publishers, 2000.

Richmond, Oliver. "Resistance and the Post-Liberal Peace". In *Millennium: Journal of International Studies* 38(3) (2010): 665-692.

Ringler, Sarah. *The nonviolent resistance movement Vetevendosje in Kosovo: an analysis of conflict transformation and the promotion of social and political change*. MA dissertation. Berlin: Free University, 2010.

Robbins, Simon and Ram Bhandari. *Poverty, stigma and alienation: Reintegration challenges of ex-Maoist combatants in Nepal*. University of York, 2016. www.berghof-foundation.org/fileadmin/redaktion/Publications/Grantees_Partners/Final_Report_Ex-PLA_Nepal_May_2016.pdf

Rupert, James. "From Conflict in the Streets to Peace in the Society - How Can We Ally Traditional Peacebuilding with Non-Violent 'People Power?'". *USIP Seminar Report*. Washington DC: USIP, 2015. /www.usip.org/olivebranch/2015/08/05/conflict-in-the-streets-peace-in-the-society

Schirch, Lisa. *Little Book of Strategic Peacebuilding: A Vision And Framework For Peace With Justice*. Intercourse, PA: Good Books, 2004.

Schock, Kurt. *Unarmed Insurrections: People Power Movements in Nondemocracies*. Minneapolis: University of Minnesota Press, 2005.

Schock, Kurt. "The practice and study of civil resistance". In *Journal of Peace Research* 50(3) (2013): 277-290

Schock, Kurt. "Rightful Radical Resistance: Mass Mobilization and Land Struggles in India and Brazil". In *Mobilization: An International Quarterly* 20(4) (2015): 493-515.

Scott, James C. *Weapons of the Weak: Everyday Forms of Resistance*. New Haven and London: Yale University Press, 1985.

Sémelin, Jacques. *Unarmed Against Hitler: Civilian Resistance in Europe, 1939-1943*. Westport: Praeger, 1993.

Sharp, Gene. *The Politics of Nonviolent Action.* Boston: Porter Sargent, 1973.

Tarrow, Sidney. *Power in Movement: Social Movements, Collective Action and Politics.* Third Edition. New York and Cambridge: Cambridge University Press, 2011.

United Nations Development Program (UNDP). *Preventing Violent Extremism through Inclusive Development and the Promotion of Tolerance and Respect for Diversity.* A development response to addressing radicalization and violent extremism. 2016. www.data.unhcr.org/syrianrefugees/download.php?id=11412

Unger, Barbara, Stina Lundström, Katrin Planta and Beatrix Austin (eds.). "Peace Infrastructures Assessing Concept and Practice". *Berghof Handbook Dialogue Series* No. 10. Berlin: Berghof Foundation, 2013.

Van Tongeren, Paul Malin Brenk, Marte Hellema, and Juliette Verhoeven (eds.). *People Building Peace II: Successful Stories of Civil Society.* Boulder, CO: Lynne Rienner Publishing, 2010.

Vinthagen, Stellan and Anna Johansson. "'Everyday Resistance': Exploration of a Concept and its Theories". In *Resistance Studies Magazine* 1 (1) (2013): 1-46. http://rsmag.nfshost.com/wp-content/uploads/Vinthagen-Johansson-2013-Everyday-resistance-Concept-Theory.pdf.

Vinthagen, Stellan. *The Sociology of Nonviolent Action.* London: Zed Books, 2015.

Visoka, Gezim. "International governance and local resistance in Kosovo: The thin line between ethical, emancipatory and exclusionary politics". In *Irish Studies in International Affairs*, Vol 22 (2011): 99-125.

Wanis-St. John, Anthony and Noah Rosen. "Negotiating Civil Resistance". *USIP Special Report.* Washington DC: USIP, forthcoming.

Weber, Thomas. "Gandhian Philosophy, Conflict Resolution Theory and Practical Approaches to Negotiation". In *Journal of Peace Research* 38(4) (2001): 493-513.

Wehr, Paul. *Conflict Regulation.* Boulder: Westview Press, 1979.

Wehr, Paul, Heidi Burgess and Guy Burgess (eds.). *Justice Without Violence.* Boulder: Lynne Rienner, 1994.

Woodhouse, Tom and John Paul Lederach. *Adam Curle: Radical Peacemaker.* London: Hawthorn Press, 2016.

Youngs, Richard. *From transformation to mediation: The Arab Spring reframed.* Washington DC: Carnegie Endowment for International Peace, 2014.

Zartman, I William (ed). *Elusive Peace: Negotiating an End to Civil Wars.* Washington, DC: Brookings Institute, 1996.

www.ingramcontent.com/pod-product-compliance
Lightning Source LLC
Chambersburg PA
CBHW040226040426
42333CB00054B/3457